CATALOGUE

DE

VIGNETTES

ANCIENNES & MODERNES

Dessins Originaux

POUR ILLUSTRATIONS

PORTRAITS

Composant une partie de la Collection de

FEU Mr A. PIAT

DONT LA VENTE AUX ENCHÈRES PUBLIQUES AURA LIEU

HOTEL DES COMMISSAIRES-PRISEURS, RUE DROUOT, N° 9

SALLE N° 8

Le Jeudi 4 Mars 1897

A deux heures.

Par le ministère de Me **Paul CHEVALLIER**, Commissaire-Priseur
Rue Grange-Batelière, 10

Et de Me **Édouard BARTAUMIEUX**, son confrère, rue St-Honoré, 334

Assistés de M. **Paul ROBLIN**, Marchand d'Estampes
Rue Saint-Lazare, 65

PARIS, 1897

Paris. — Imp. PAIRAULT et Cie, 3, passage Nollet. — 4015.

CATALOGUE

DE VIGNETTES

CATALOGUE

DE

VIGNETTES

ANCIENNES & MODERNES

Dessins Originaux

POUR ILLUSTRATIONS

PORTRAITS

Composant une partie de la Collection de

FEU Mr A. PIAT

DONT LA VENTE AUX ENCHÈRES PUBLIQUES AURA LIEU

HOTEL DES COMMISSAIRES-PRISEURS, RUE DROUOT, N° 9

SALLE N° **8**

Le Jeudi 4 Mars 1897

A deux heures.

Par le ministère de Me **Paul CHEVALLIER,** Commissaire-Priseur
Rue Grange-Batelière, 10

Et de Me **Édouard BARTAUMIEUX,** son confrère, rue St-Honoré, 334

Assistés de **M. Paul ROBLIN,** Marchand d'Estampes
Rue Saint-Lazare, 65

PARIS, 1897

CONDITIONS DE LA VENTE

La vente sera faite au comptant.

Les acquéreurs payeront *cinq pour cent* en sus des enchères.

M. Paul ROBLIN, chargé de la direction de la vente, se réserve la faculté de rassembler ou de diviser les lots.

ORDRE DE LA VACATION

Vignettes . . . . N°s 88 à 233

Dessins originaux . . . . . . N°s 1 à 87

DÉSIGNATION

DESSINS

AARTMANN, CHOQUET, COCHIN CHASSELAT

1 — Le Barbier. — L'Apothicaire. — Napoléon. — Dumas père. — Lamartine. Sujets divers pour illustrations. Vingt-et-un dessins.

ANONYMES

2. — Buste de La Fontaine et compositions pour ses Fables. Sept dessins.

3 — Portraits de personnages anciens et modernes. Environ deux cents dessins.

4 — Neuf aquarelles pour illustrer Mademoiselle de Maupin, de Théophile Gautier.

ARCOS

5 — Le Barbier de Séville. — Le Mariage de Figaro. Neuf dessins à la plume Signés.

AUVREST, QUEVERDO, RANSONNETTE

6 — Voltaire. — Colardeau. — Intérieur d'un théâtre. — L'Incendie. — Visite au champ de bataille, etc. Sept dessins.

AVRIL (Paul)

7. — Huit compositions de formats différents, pour l'Éventail, d'Octave Uzanne. Au lavis d'encre de Chine. Signées.

BAUDET-BAUDERVAL

8 — Portraits de Lamoignon, Duchesse de La Vallière, etc. Trente-cinq dessins.

BAUDET-BAUDERVAL

9 — Illustrations pour le Lutrin, de Boileau. — Vert-vert, de Gresset. — Portraits de La Fontaine, Gresset, 1855. Huit petits dessins au lavis.

10 — Trente compositions in-8. pour les œuvres du chevalier Destouches. Aquarelles signées.

BEAUMONT (E. de)

11 — Contes de Lafontaine. — Lettres Persanes. Sept compositions in-4 pour les éditions de Jouaust. Esquisses à la mine de plomb sur papier calque.

BENASSIT, FRILLEY, MARCKL

12 — Le colonel Surville. — Voltaire à différents âges. — Portraits de personnages célèbres. Dix-huit dessins.

BERGERET et TARDIEU

13 — Personnages antiques. — Frontispices. — Personnages modernes Trente-trois dessins à la sépia.

BIDA (Alex.)

14 — L'épouse surprise, 1835. Dessin à la plume, signé et daté.

BOURDET

15 — Neuf compositions in-8 pour le Théâtre de Schiller. Aquarelles signées.

CABASSON, CHAILLOU et MARTINET

16 — Compositions pour le Tonnellier, opéra-comique de Quétant. — Le Château de Duncan, etc. Vingt-neuf dessins au lavis et à la sépia.

CAZENAVE

17 — J.-J. Rousseau. — Voltaire. Deux dessins au lavis, signés.

CHABOD (E.)

18 — Frontispice in-4. pour Sous Bois, de Theuriet. Belle aquarelle signée.

CHABRILLAC, MASSIEU, BAUDERVAL

19 — Portraits de Poètes. — Vénus et Adonis. — Camille Desmoulins au Palais-Royal. — En-tête pour : Point de lendemain. Vingt-cinq dessins.

CHAILLOU

20 — Quatre dessins in-12 pour Elisa, ou mémoires de la famille Elderland, 1799 ; à la plume et lavis d'encre de Chine.

CHARLET

21 — L'Empereur, à Longwood, traçant lui-même un sillon. (Mémorial de Sainte-Hélène, page 261, Tome 1er). A la mine de plomb, signé.

CHAUDET

22 — Suite de dix sujets pour illustrer l'Ane d'or, d'Apulée, 1795. Dessins à la sépia ; plusieurs sont signés.

CHAUVET (J.)

23 — Odes d'Horace, traduction du comte Siméon. Deux cent quarante-six dessins, avec les eaux-fortes. Environ trois cent cinquante pièces.

CHAZAL

24 — Portraits de Voltaire, Crebillon, Pascal, duc de Guise, etc. Neuf dessins à la mine de plomb et à la sépia.

CHOQUET

25 — Dix-sept dessins, in-8, pour les œuvres de Florian, Ed. Briant, 1823. A la sépia, signés.

26 — Six dessins, in-12, pour le Bachelier de Salamanque. A la sépia, signés.

CHOQUET, DEVÉRIA

27 — Quatre compositions, in-12, pour la Jérusalem délivrée, du Tasse. -- Sujet religieux. Cinq dessins, à la sépia. Signés.

COINCHON (A.)

28 — Six compositions, grand in-4, pour les Chatiments, de Victor Hugo. A la plume, signées 1870.

COINDRE (V.)

29 — Compositions pour : Madame Bovary. — L'abbé Constantin. Dix-sept aquarelles et dessins.

COLIN, DESENNE, WALTNER

30 — Louis XIV. Trois portraits, in-18 et in-8. A la sépia et à l'encre de chine rehaussée, on y a joint deux pièces gravées.

DELIERRE

31 — Compositions in-4, pour les fables de Lafontaine, Ed. Quantin. Dix-sept dessins, à la sépia et à l'aquarelle, on y a joint quelques planches gravées.

DELORT (Charles)

32 — Compositions pour l'œillet bleu de Georges Pradel. Dix-huit dessins à la plume auxquels on a joint des fumés.

DESENNE (Alex.)

33 — Portraits du Tasse, Florian, Voltaire, Corneille, Rousseau, Delille, etc. Vingt-quatre dessins à la sépia.

34 — L'Hermite en province. — Le franc-parleur. — Les avis d'une mère à la mode, etc. Trente-sept dessins pour les œuvres de Jouy. On y a joint la plupart des pièces gravées.

DESENNE, DEVÉRIA, Séb. LEROY

35 — Compositions pour divers auteurs, Béranger, Legouvé; projets pour calendriers et almanachs de poche. Quatre-vingt huit dessins, la plupart à la sépia.

DESENNE et FRAGONARD fils

36 — Composition pour la Henriade. — Les lettres à Emilie sur la mythologie. — Les Fables de Lafontaine, etc. Onze dessins à la sépia.

DESRAIS (attribué à)

37 — Compositions pour des Fables. Cinquante-quatre dessins au lavis.

DEVERIA (Ach.)

38 — Bossuet, in-12, à la sépia, signé et daté 1823, a été gravé par Fauchery. On y a joint la gravure.

DEVERIA (Ach.)

39 — La lecture. — Erasme. — André Alciat. — Scènes de l'Histoire de France. — Compositions pour vignettes. Onze dessins à la plume et à la sépia.

40 — Portrait de J. Delille et deux sujets in-12, pour le Paradis Perdu. Trois dessins, à la sépia, signés et datés 1827.

DIVERS

41 — Les bijoux des neuf sœurs. — Les Ombres chinoises, d'Eudel. — Gazette anecdotique. — Le conte de l'Archer. Cinq dessins et environ cinquante fumés, eaux-fortes et autographes.

42 — Exécutions publiques, par N. Ransonnette. — Promenades champêtres, par Challiou. — Fables de Florian. Dix-neuf dessins.

43 — Sujets. — Paysages. — Vignettes modernes. Environ cent-cinquante dessins.

DUBOUCHET

44 — Le Roman Bourgeois. Dessin à la plume et au lavis d'encre de Chine, signé. On y a joint plusieurs épreuves de la gravure.

DU BOURG (L.-F.)

45 — Compositions pour les Métamorphoses d'Ovide. Quatre-vingt-dix-dessins à la plume rehaussés de lavis.

DU BOURG et R. VINKELES

46 — Aventures de Télémaque, 1734. — Vignettes pour un roman. Treize dessins à l'encre de Chine.

FERDINANDUS (A.)

47 — Compositions, culs-de-lampe pour l'Amour romantique, de Léon Cladel. Seize dessins à la plume ; on y a joint plusieurs fumés et trente-cinq épreuves des eaux-fortes d'après les dessins.

FLAMENG (François)

48 — Compositions pour le Roman comique, de Scarron. Neuf dessins à l'encre de Chine, rehaussés de gouache,

FRAGONARD, HUET, MARILLIER (attr. à)

49 — Entourage de portrait. — Mort de Sésostris. — Télémaque quittant l'Egypte. — Vignette pour Boufflers. Quatre dessins.

GIACOMELLI (Sophia)

50 — Compositions pour le Paradis perdu, de Milton. Suite de quatorze dessins, à laquelle est jointe douze planches gravées d'après ces dessins.

GIRAUD (E.)

51 — Six croquis à la mine de plomb, pour les Chansons populaires, Dessins avec le cachet de la vente de l'artiste.

GRANDVILLE (J.-J.)

52 — Compositions pour les Voyages de Gulliver. Dix dessins à la plume.

GRANIÉ

53 — L'auteur écrivant dans sa Bibliothèque. — Atelier du relieur. — Intérieur de la librairie. Trois compositions pour le Dictionnaire du Bibliophile, d'Octave Uzanne. Dessins à la plume et au lavis d'encre de Chine, rehaussé de gouache, signés.

GRAVELOT (H.) DE LA MONCE

54 — Histoire Sacrée. — Histoire grecque et Romaine. Dix-sept dessins in-8, à la plume et au lavis de bistre.

GRÉVIN

55 — L'Amateur de melons, Fantaisies. Sept dessins à la plume et au lavis de bistre.

HÉDOUIN

56 — Compositions in-4 pour Paul et Virginie. — Manon Lescaut. Trente dessins et calques.

HENRIOT

57 — Les Après soupers. Quarante-quatre feuilles de dessins à la plume, on y a joint six épreuves du titre à l'eau-forte et dix reproductions. — L'art de se faire aimer de son mari, de Theo Crit. Vingt-deux dessins à la plume. En tout soixante dessins.

ISABEY, GÉRARD (d'après)

58 — Louis XVI. — Marie Antoinette. — Duc de Berry. — Duchesse d'Angoulême. — Duc d'Angoulême. — Duc d'Enghien. — Louis XVIII. — François II. — Georges IV. — Madame Elisabeth et autres. Vingt-quatre dessins à la mine de plomb, à la plume et au crayon noir.

JEANNIOT (G.)

59 — Compositions pour Mire-lon-la, de René Maizeroy. Quarante-six dessins à la plume sur vingt feuilles.

JEANRON

60 — Études et croquis pour illustrations. Sept dessins à la plume et à la mine de plomb.

JOHANNOT (Tony)

61 — Marie-Antoinette. — Madame Élisabeth. Deux portraits in-12, à la mine de plomb. Signés.

62 — Compositions pour : Jocelyn, de Lamartine. — Le Génie du Christianisme. — George Dandin, de Molière, etc. Sept dessins et une aquarelle signée.

63 — Encadrements pour l'Imitation de Jésus-Christ. Croquis pour Paul et Virginie. Édition de Curmer. Dix-huit dessins à la plume et à la mine de plomb, plusieurs sont rehaussés de bistre.

JOHANNOT (Tony et Alfred)

64 — Compositions pour Fénimore Cooper. — L'Histoire des Jésuites. — Scènes de la Révolution. Dix dessins à la sépia et à la mine de plomb.

JOHANNOT, PHILIPPOTEAUX, CHOQUET S. LEROY

65 — Scènes de la Révolution, pour Thiers. — La duchesse de Longueville. — Napoléon III. — Eugène de Beauharnais. — Pie IX. — Duc de Morny. — Vignettes, etc. Onze dessins.

LALAUZE (Ad.)

66 — Huit compositions in-4, pour les Voyages de Gulliver et autres publications. Dessins à la plume et au lavis, signés.

LAMEIRE, SCOTT, etc.

67 — Dessins, culs-de-lampe, gravures pour l'Imitation de Jésus-Christ. Paris, Glady, 1876. Quatre albums.

LA SEIGNE

68 — Portrait en pied de Voltaire. Dessin rehaussé d'aquarelle avec légende en vers, signé.

LE BARBIER

69 — Costumes de Polinice, de Roland, de Sémiramis, etc. Quatre dessins à la plume et à l'aquarelle, on y a joint trois planches gravées et imprimées en couleur.

LE NATUR (J.)

70 — Contes Gaulois. Deux dessins et trente fumés.

LÉVY (Emile)

71 — Cinq sujets en largeur pour les Odes d'Anacréon. Ed. Jouaust. Dessins à la plume et au lavis d'encre de chine, signés.

72 — Cinq sujets en largeur pour Psyché. Ed. Jouaust. Esquisses peintes, signées.

73 — Cinq sujets en largeur, pour les Idyles de Théocrite. Ed. Jouaust. Dessins à la plume et au lavis d'encre de Chine, signés.

MARE (T. de)

74 — Marguerite de Navarre, in-8. Dessin à la plume, signé. On y a joint la gravure publiée dans l'édition de Eudes.

MARTINET et MASSON

75 — Suite de soixante-douze sujets relatifs à l'Histoire de France jusqu'en 1715. Dessins à la plume et au lavis.

MERSON (Olivier)

76 — La femme de Socrate, représentée par Mme Samary, actrice du Théâtre-Français. Dessin à la plume, signé.

MONNET (Ch.)

77 — Dix-sept dessins pour l'illustration d'ouvrages religieux et historiques. A l'encre de Chine, signés.

MONNET et CHOQUET

78 — Le Sacrifice d'Abraham. — Sujets pour une Histoire romaine, etc. Huit dessins in-12 et in-4, à la sépia et à l'encre de Chine.

MONNET, HAUER

79 — Encadrements pour titres et portraits. — Sujets. Huit dessins.

MONNET, MOREAU, CHALLIOU, MONSIAU

80 — Composition pour la Henriade. — La Fiancée du roi de Garbe. — Composition pour le Télémaque de Fénelon. — La Religieuse, de Diderot. Neuf dessins.

MOREAU LE JEUNE (J.-M.)

81 — Fleuron de titre pour Joseph, de Bitaubé. Dessin à l'encre de chine, auquel on a joint deux épreuves de l'estampe gravée par le dessinateur.

ROCHEGROSSE (G.)

82 — Vignettes, en-têtes et culs de lampe pour le péché d'Eve, d'Arm. Silvestre. Soixante-trois dessins à la plume sur vingt-cinq feuilles.

SOMM (Henry)

83 — Frontispices inédits, pour différents ouvrages. Le violon de faïence. — Carmen. — Le nez d'un notaire. — Nouvelles de Musset, etc. Vingt-trois aquarelles, signées.

SOMM, H. de STA et BLIGNY

84 — Frontispices pour des romans : Le colonel Chaber. — Le Drapeau. — Froment jeune et Risler ainé, etc. Dix-sept aquarelles, signées.

STA

85 — Frontispices pour : Marie, ou le mouchoir bleu. — Servitude et grandeur militaire. — Histoires d'hiver. — Le drapeau. — Un début dans la magistrature. — Herminie. — La canne de Michelet, Sept aquarelles, signées

TRAVIÈS

86 — Rois et Reines de France. Soixante-treize dessins à la sépia.

TRIMOLET et STEINHEIL

87 — Dessins pour les Chants et Chansons populaires de la France. — Marlborough. — Le roi d'Yvetot. — Les Tableaux de Paris. — Le roi Dagobert. — La Tentation de Saint-Antoine. — Clémence Isaure. — Les Bossus. — Les Amphigouris. — Les Vapeurs. — Une nuit de la Garde Nationale. — Richard Cœur-de-Lion, etc. Trente-cinq dessins, la plupart de Trimolet.

VIGNETTES

ANONYME

88 — Suite de douze figures, in-32, pour la Pucelle, de Voltaire. Epreuves remargées, in-4.

BAUGNIÈS

89 — Un portrait et cinq figures, in-8, pour le Mariage de Figaro. Epreuves avant la lettre, sur Hollande.

BAYARD (d'après Emile)

90 — Vingt-cinq eaux-fortes, in-8, pour les œuvres de Molière, Ed.-D. Morgand et Ch. Fatout, 1879. Epreuves sur papier de Japon (n° 75).

91 — Personnages des œuvres de Boileau, gravées par A. Nargeot, Gervais, etc., deux suites en noir et en couleurs. Quarante pièces.

BÉRAUD, BOUTET et autres

92 — Le rêve d'un viveur, de Dubut de Laforest, Quarante-cinq pièces, fumés et eaux-fortes ; on y a joint un autographe du romancier.

BIDA (Alex.)

93 — Vignettes pour Aucassin et Nicolette. Trente pièces en différents états et sur divers papiers.

BIDA, CHAMPOLLION, LALAUZE, LOS RIOS

94 — Vignettes pour Aucassin et Nicolette. — Enlèvement au XVIIIe siècle. — Le Sopha. — Œuvres de André Chénier. Vingt pièces avant la lettre.

BOILVIN

95 — Un portrait et dix figures, in-12, pour les œuvres de Rabelais, Ed. Jouaust. Epreuves avant la lettre sur papier de chine.

BOREL, DESENNE, LAFFITE (d'après)

96 — Vignettes pour les œuvres de Regnard, Destouches, Rousseau, etc. Cent-cinquante pièces.

BOUCHER (d'après François)

97 — Vignettes pour Acajou et Zirphile, de Duclos. Suite de dix pièces gravées par Chedel.

98 — Trente-cinq figures, pour les œuvres de Molière, Ed. Lemerre. Epreuves sur papier de Chine.

99 — Portrait et compositions pour les œuvres de Molière, gravés par L. Cars. Réimpression de Delarue. Deux exemplaires, dont un, imprimé à la sanguine.

BRACQUEMOND

100 — Seize figures, in-8, pour les œuvres de Rabelais, Ed. Lemerre. Epreuves avant la lettre, sur papier de Chine.

BUHOT

101 — Cinq figures in-12 avec entourages gravés pour Les Lettres de mon Moulin, par Daudet. Épreuves d'artistes, sur Japon (Le portrait manque.)

CHALON (d'après L.)

102 — Compositions pour les Œuvres de Rabelais. Suite de seize photogravures.

CHAMPOLLION

103 — Six figures in-8, gravées à l'eau-forte d'après J.-P. Laurens, pour Faust. Epreuves d'artiste sur Japon, avec dédicace à Hédouin.

104 — Un portrait et sept figures in-8, pour Graziella. Epreuves avant la lettre sur papier du Japon.

105 — Quatorze figures in-8, pour les Facétieuses nuits de Straparole. — Cinq vignettes têtes de pages pour Théocrite. Dix-neuf pièces, épreuves avant la lettre.

CHARLET, DEVÉRIA, JOHANNOT (d'après)

106 — Vignettes pour les Chansons de Béranger. Perrotin, éditeur. Cent soixante-dix-huit pièces, un certain nombre en double.

CHASSELAT (d'après Ch.)

107 — Vignettes pour les Fables de La Fontaine, gravées par Ransonnette, Couché, etc. Suite complète de soixante pièces en deux états, eaux-fortes pures, et avant la lettre, soit cent vingt épreuves.

CHAUVET

108 — Douze figures in-18 pour Manon Lescaut, épreuves avant la lettre.

CHODOWIECKI (Daniel)

109 — Portrait de Richardson et vignettes pour Clarisse Harlowe. Suite de vingt-deux pièces.

110 — Vignettes pour Gil Blas. Dix pièces.

CHOFFARD et MOREAU

111 — Culs-de-lampe pour l'Histoire de la Maison de Bourbon, de Désormeaux. — Vignettes pour les Fabliaux, de Legrand d'Aussy. Vingt-quatre pièces.

COCHIN le fils (C.-N.)

112 — Vignettes pour le Lutrin. Suite complète de six pièces.

COCHIN le fils (d'après C.-N.)

113 — Vignettes pour la Jérusalem délivrée du Tasse, 1784. Suite de quarante pièces, gravées par Tilliard, Patas, etc.

114. — Quatorze vignettes pour le même ouvrage. Épreuves à l'état d'eau-forte pure.

CORBOULD (d'après H.)

115 — Portrait et vignettes pour les Œuvres de Bernardin de Saint-Pierre, 1830. Suite de onze pièces gravées par Corbould, Wedgwood, etc. Epreuves sur Chine.

COUCHÉ

116 — Collection de seize gravures in-12 des principaux événements de la Révolution Française, pour le Précis de l'Histoire de la Révolution, par Lacretelle, épreuves à toutes marges.

DELIERRE (Aug.)

117. — Suite de soixante-quinze eaux-fortes pour les Fables de La Fontaine. Quantin, éditeur.

DESBOUTINS et LESSORE

118 — Edm. de Goncourt. — Th. Gautier. — A. Dumas père. — H. Monnier. — V. Hugo. — J. Janin. Six portraits.

DESENNE (Alex.)

119 — Portraits et vignettes pour les Œuvres de Racine. Suite complète de treize pièces gravées par A. Girardet à l'eau-forte pure, et terminées avant la lettre. Vingt-six pièces.

DESENNE et DEVÉRIA (d'après)

120 — Portraits et vignettes pour les Œuvres de Crébillon. — Vignettes pour l'Aminte du Tasse. Trente pièces en états différents.

DESENNE, DEVÉRIA, JOHANNOT, etc.

121 — Vignettes pour Voltaire, Casimir Delavigne, Walter Scott, Marmontel, Goldschmid, V. Hugo, etc. Quatre cents pièces, un certain nombre avant la lettre et à l'état d'eau-forte pure.

DIVERS

122 — Vignettes par Hédouin, Foulquier, Boutard fils, Champollion, etc. Quarante pièces.

123 — Vignettes pour les Heures de Jehan Fouquet. — Colloques d'Erasme. — Costumes du XVIIIe siècle de Guillaumot fils. — Les Ragionamenti. Environ cent pièces.

124 — Sujets pour La Fontaine, Molière, Shakespeare, Le Tasse, etc. Soixante pièces.

125 — Frontispices gravés à l'eau-forte pour les publications de Pincebourde. Environ soixante-quinze pièces sur Chine.

126 — Vignettes pour X. de Maistre, par Dupont. — Boileau, par Monziès et Courtry. — Le Barbier de Séville, par G. Cain. — Voltaire, par Monziès. — Shakespeare. — La Fontaine. — Béranger, etc. Environ quatre cents pièces.

127 — Anecdotes secrètes du règne de Louis XIV, dessins d'Oudart. — Caprices d'un bibliophile, d'Uzanne. — Ruelles, eaux-fortes, de Mongin. — Calendrier de Vénus, dessins de Vierge, etc. Soixante-huit pièces.

128 — Portraits, vignettes anciennes et modernes pour divers auteurs. Environ quatre cents pièces.

DIVERS

129 — La Pipe cassée, par E. Mesplès. — Daphnis et Chloé. — Contes de Moncrif, par Avril. — Madame Bovary, par Boilvin. — Mémoires de Grammont, par Chauvet. — Daphnis et Chloé, édition Lemonnyer. — Souffrances de Werther, par Johannot. Quatre-vingts pièces.

130 — Manon Lescaut, par J. Chauvet. — Mon Oncle Barbassou, par Avril. — Contes de Crébillon fils, par Milius. — Contes des Fées, par Monziès, etc. Cent-cinquante pièces.

131 — Portraits et vignettes pour divers auteurs. Environ deux cents pièces.

132 — Sujets, vignettes, portraits. Environ trois cent quatre-vingts pièces

133 — Portraits, sujets, vues et vignettes, Environ deux cents pièces.

134 — Sujets. — Vignettes anciennes et modernes. — Eaux-fortes, etc. Environ trois cent cinquante pièces.

DU BOURG (L.-F.)

135 — Suite complète de un frontispice, un titre gravé, douze figures, trois planches topographiques, une carte et la planche de la bouteille, pour les œuvres de Rabelais, Ed. de Le Duchat, 1741. On y a joint huit portraits différents de Rabelais. Ensemble, 27 pièces.

DUPLESSIS-BERTAUX

136 — Vignettes têtes de page pour les Petits Conteurs, tirage de Lemonnier. Environ deux cents pièces.

EISEN (d'après Ch.)

137 — Vignettes en-têtes pour la Henriade, gravées par De Longueil. Dix pièces tirées hors texte, sauf une.

138 — Portraits et vignettes pour les Contes de La Fontaine. 73 pièces des Fermiers-Généraux. — Vignettes, copies anciennes des précédentes, 53 pièces. — Reproductions des mêmes pièces, 88 pièces. En tout deux cent quinze pièces.

EISEN, GRAVELOT, MARILLIER, MOREAU (d'après)

139 — Vignettes pour Corneille. — J.-J. Rousseau. — Longus, etc. Deux cent vingt-cinq pièces.

EISEN, GREUZE, MOREAU (d'après)

140 — Vignettes pour les Œuvres de J.-J. Rousseau. — Les Saisons. — Sujets et têtes de fantaisie. — Quatre-vingts pièces.

EISEN, LANCRET, PATER, DESENNE

141 — Portraits et vignettes pour les Fables et les Contes de J. de La Fontaine. Environ cent cinquante pièces anciennes et modernes.

EISEN et MARILLIER (d'après)

142 — Vignettes, en-têtes et culs-de-lampe pour les Œuvres de Baculard d'Arnaud. Sept pièces dont quatre à l'état d'eau-forte pure.

EISEN, MOREAU, MONNET (d'après)

143 — Frontispice et vignettes pour les Métamorphoses d'Ovide. Paris, Basan et Le Mire. Cent quarante pièces.

FLAMENG

144 — Seize portraits des personnages célèbres de la Révolution Française, Epreuves sur papier de Chine.

FOULQUIER (Valentin)

145 — Portrait et vignettes pour Molière. Cinquante pièces. Epreuves sur chine volant.

146 — Un portrait et cinquante vignettes pour les Fables de La Fontaine. Ed. Mame, épreuves sur chine volant.

FOULQUIER (V.) et HILLEMACHER

147 — Vignettes pour les Œuvres de Boileau, Bossuet, Bernardin de Saint-Pierre, Fénélon. Cinquante-sept pièces sur chine.

FRAGONARD (d'après H.)

148 — Suite d'un portrait, un fleuron de titre et vingt figures in-8., gravées par T. de Mare, pour les Contes de La Fontaine. Ed. Conquet. Epreuves en double état avant toute lettre et eaux-fortes sur papier du Japon, ensemble 44 pièces.

149 — Figures des Contes de La Fontaine, gravées par Martial. Rouquette, éditeur. Suite complète de soixante pièces à l'eau-forte pure, en livraisons, auxquelles ont été ajoutées huit épreuves d'essai.

FRAGONARD (d'après H.)

150 — Figures pour les Contes de Lafontaine. Ed. Rouquette. Epreuves avec les noms à la pointe sèche, cinquante-sept pièces.

FRAGONARD, PATER, BOUCHER (d'après)

151 — Un portrait et quarante figures in-12, gravées à l'eau-forte pour les Contes de Lafontaine. Ed. Lemerre. Epreuves avant la lettre sur papier de Hollande.

FRAGONARD et PERCIER

152 — Vignettes et en-têtes de pages pour les Œuvres de La Fontaine. Trente-trois pièces, réimpressions et reproductions.

GÉRARD et FOULQUIER

153 — Vignettes pour les Œuvres de Racine, d'après Gérard, par Guyard Vély, etc. Trente-huit pièces. — Portraits et vignettes pour le même auteur. Quarante-six pièces; épreuves avant la lettre, Chine volant. En tout quatre-vingt-quatre pièces.

GÉRARD et PERCIER (d'après)

154 — Amours de Psyché, par J. de La Fontaine. Suite complète de quatre pièces, de Gérard, gravées par Blot, Tardieu, etc. — En-têtes pour les Fables de La Fontaine, Didot. Suite de douze pièces de Percier, gravées par Girardet, Devilliers, etc. Epreuves imprimées en rouge, Chine volant. En tout vingt pièces.

GERY-BICHARD (A.)

155 — Les Surprises du cœur, d'Octave Uzanne. Cent vingt épreuves ; plusieurs états. — Le Bric-à-Brac de l'Amour, du même auteur. Eau-forte de A. Lalauze. Vingt-neuf épreuves. — Calendrier de Vénus. Cent quarante épreuves. En tout deux cents pièces environ.

156 — Six figures in-8, pour les Contes de J. Cazotte. Epreuves d'artiste sur Japon, avec dédicace à Hédouin.

GRAVELOT (d'après H.)

157 — Portrait, titres et vignettes pour les Contes de Boccace. 1757. Trente pièces ; épreuves remargées in-4.

GRAVELOT et MARILLIER (d'après)

158 — Portraits et vignettes in-4. de Gravelot, pour les Œuvres de Voltaire, 50 pièces. — Vignettes pour la Pucelle, 7 pièces, épreuves avant la légende. — Planches doubles, 16 pièces. En tout soixante treize pièces.

HÉDOUIN (Edm.)

159 — Un portrait et cinq figures in-8. pour Manon Lescaut, Ed. Jouaust. Epreuves avant la lettre sur Hollande, in-4.

JOHANNOT (Alf. et Tony)

160 — Vignettes pour les Œuvres de Walter Scott. Soixante-treize pièces, dont quarante à l'état d'eaux-fortes pures.

161 — Vignettes pour les œuvres de Walter Scott. Trente-trois pièces. Epreuves avant la lettre sur chine, en album.

JOHANNOT (Tony)

162 — Portrait et vignettes pour les œuvres de Lafontaine, gravés par Blanchard, Cousin, etc. Treize pièces dans leur couverture de publication.

JOHANNOT, FRAGONARD, etc.

163 — Vignettes pour les chansons de P. J. de Béranger, édition Perrotin Soixante-quinze pièces gravées par Cousin, Pelée, etc.

LALAUZE (Adolphe)

164 — Onze eaux-fortes pour illustrer le Faust de Gœthe. Epreuves avant la lettre dans leur couverture de publication.

165 — Portrait et vignettes pour Hoffmann. Suite de onze pièces en double état, sauf le portrait.

166 — Seize figures in-8, pour les Mille et une Nuits. Epreuves d'artiste avec remarques, sur Hollande, in-4.

167 — Suite de trente-quatre estampes pour servir à l'illustration des œuvres de Molière Epreuves sur chine volant dans la couverture de publication.

168 — La même collection. Epreuves avant la lettre sur papier du japon, tirage à 50 exemplaires.

LALAUZE (Adolphe)

169 — Huit figures, in-12, pour Paul et Virginie. Ed. Liseux. Epreuves de graveur sur japon, signées par l'artiste.

170 — Cinquante deux figures, in-12, pour la Physiologie du goût, Ed. Jouaust. Epreuves avant la lettre sur Whatmann.

171 — Portrait et vignettes pour les œuvres de Morteuil. Deux pièces ; quatre-vingts épreuves sur papiers et en impressions différents.

LANCRET, PATER, EISEN (d'après)

172 — Estampes pour les contes de Lafontaine, Ed. Lemonier. Epreuves à l'eau-forte pure, et avant la lettre, en noir et en bistre, environ deux cents pièces.

LEBARBIER (d'après)

173 — Portrait et vignettes pour les lettres d'une Péruvienne, de Mme de Grafligny. Suite de sept pièces; vingt-trois épreuves, la plupart avant la lettre.

174 — Culs-de-lampe, pour les œuvres de Gessner. Suite de trente-quatre pièces gravées par Baquoy, Langlois, etc. Epreuves sur chine volant. — Vignettes, in-4, pour les œuvres du même auteur. Vingt-six pièces, gravées par Baquoy, De Longueil, etc. En tout quarante-neuf pièces.

175 — Un portrait et trois figures, in-8, gravés à l'eau-forte, par Nargeot, pour les confessions, éd. Conquet. Epreuves en double état avant la lettre et eau-forte pure, sur papier du Japon, huit pièces.

LEFEBVRE (d'après L.-J.)

176 — Vignettes pour Manon Lescaut, Didot l'aîné, 1797. Suite complète de huit pièces gravées par Coiny. On y a joint neuf pièces, copies des précédentes, y compris un portrait de l'abbé Prévost.

177 — Portrait et vignettes pour les aventures de Télémaque. Suite complète de vingt-cinq pièces, de Lefebvre, 1786, épreuves avant la lettre.

LEFEBVRE (d'après L.-J.)

178 — Vignettes pour les voyages de Gulliver, 1797. Suite complète de dix pièces avec la légende en anglais.

LEFEBVRE, MARILLIER, MOREAU LE JEUNE

179 — Vignettes pour les aventures de Télémaque. Quatre suites de vingt-quatre pièces; en tout quatre-vingt-dix-huit pièces.

LELOIR (d'après M.)

180 — Quatorze figures, grand in-8, pour Manon Lescaut, Ed. Launette. Epreuves sur japon, signées par l'artiste, treize sont avec remarques.

LE NATUR

181 — Portefeuille d'un Incroyable. — Le Directoire. Frontispice, couvertures et vignettes. Trente-trois pièces.

LOS RIOS (R. de)

182 — Dix figures in-8 pour la Dame aux Camélias. Epreuves avant la lettre sur Hollande, avec dédicace à Hédouin.

183 — Vingt-quatre eaux-fortes pour Don Quichotte, Don Gusman d'Alfarache, Lazarille. Epreuves avant la lettre, sur japon.

184 — Un portrait et douze figures gravées à l'eau-forte pour Gil Blas. Ed. Jouaust. Epreuves sur papier de Chine volant.

MARILLIER (d'après C.-P.)

185 — Titres des Fables de Dorat, du Parnasse des Dames, de la Nouvelle Héloïse, etc. Sept pièces. Très belles épreuves.

186 — Vignettes pour les Contes de La Fontaine, gravées par Delvaux, Courbe, etc. Suite complète de huit pièces, à laquelle on a joint une eau-forte pure pour Richard Minutolo. On y a joint cinq pièces doubles. En tout quatorze pièces.

187 — Frontispice et deux vignettes pour : Mélanges de poésies fugitives par Mme de Beauharnais. Quatre pièces dont deux à l'eau-forte pure

188 — Vignettes pour Télémaque et portrait de Fénélon, gravés par De Ghendt, Masquelier, etc. Vingt-cinq pièces. Epreuves avant la lettre.

MARILLIER (d'après C.-P.)

189 — Portrait et vignettes pour les Œuvres d'Homère. Dix-huit pièces. Epreuves avant la lettre.

MARILLIER, MONNET, etc. (d'après)

190 — Portrait et vignettes pour la Pucelle d'Orléans, poème de Voltaire, 1795. Suite complète de vingt-deux pièces in-4, gravées par Ponce, Le Mire, Patas, etc.

MARILLIER et MONNET (d'après)

191 — Portraits et vignettes pour les Contes de Voltaire. Suite de vingt-et-une pièces gravées par Monziès. Epreuves sur chine volant.

MARILLIER, MOREAU, DESENNE, etc. (d'après)

192 — Portraits et vignettes pour les Œuvres de Voltaire. Trois cent quatre pièces.

MARTIN (J.)

193 — Le Paradis perdu de Milton, 1825-1827. Suite de vingt-quatre planches.

MONNET (d'après Charles)

194 — Les Aventures de Télémaque. Suite de vingt-cinq estampes gravées au lavis, par Pariset. Epreuves avant toutes lettres.

MONNET (Charles)

195 — Les Aventures de Télémaque, gravées d'après les desseins de Charles Monnet, peintre du Roy, par Jean-Baptiste Tilliard, 1773. Suite de vingt-cinq pièces, y compris les encadrements entourant les sommaires.

MONNET, DESENNE, etc. (d'après)

196 — Vignettes pour les Contes de La Fontaine. Suite de quarante pièces. Epreuves avant la lettre.

MONNIER (Henry)

197 — Fables de La Fontaine. Suite de vingt lithographies coloriées.

MONSIAU (d'après)

198 — Six figures in-12 pour le Voyage sentimental de Sterne. Epreuves à l'eau-forte pure sur papier du Japon.

MONSIAU ET MARILLIER

199 — Vignettes pour la Pucelle, de Voltaire. Vingt-sept pièces, plusieurs doubles, à l'état d'eau-forte pure et avant la pagination.

MOREAU LE JEUNE (d'après J.-M.)

200 — Le Lutrin, six pièces. — La Henriade, in-4, dix pièces. — Le Nouveau Testament, quatre-vingt-huit pièces. — Figures pour l'Histoire de France, dix pièces. Ensemble cent onze pièces.

201 — Un portrait et vingt-cinq figures, in-8, pour les aventures de Télémaque, Ed. Renouard.

202 — Portrait et vignettes pour les œuvres de Molière. Suite complète de trente-une pièces, gravées par Simonet, Girardet, etc.

203 — Vignettes pour Hamilton, gravées par De Ghendt, Trière. Suite de quatre pièces; vingt-et-une épreuves dont plusieurs avant la lettre.

204 — La Henriade. — La Pucelle, etc. Cent vingt-trois vignettes pour les Œuvres de Voltaire. Édition de Renouard.

205 — Vignettes pour les œuvres de Sal. Gessner. Suite complète de cinquante-et-une pièces.

206 — Vignettes pour les œuvres de Lafontaine. Vingt-cinq pièces dont plusieurs en différents tirages et états, éditions de 1814 et 1822. En tout cent quatre épreuves.

207 — Douze pièces à l'état d'eau-forte ou non terminées, de la suite précédente.

208 — Tom Jones ou histoire d'un enfant trouvé. Didot, 1833. Suite de dix pièces à l'eau forte pure, et avant la lettre sur chine et sur blanc. Ensemble Quarante-trois vignettes, gravées par Devilliers et Mariage.

209 — Portrait et vignettes pour Psyché et Adonis, de Lafontaine, 1797. Suite complète de neuf pièces, par R. Delvaux.

MOREAU LE JEUNE (d'après J.-M.)

210 — Figures pour l'Histoire de France, de l'abbé Garnier. Cent soixante-deux pièces de premier tirage.

211 — Vignettes pour les Satires de Juvénal, les Entretiens de Phocion et les Réflexions morales de Marc-Antonin. Treize pièces, dont plusieurs doubles en états différents.

212 — Suite de huit pièces in-4 pour Héloïse et Abeilard.

MOREAU LE JEUNE et autres (d'après)

213 — Vignettes pour les Amours de Psyché, de J. de La Fontaine, 1795 Quatre pièces gravées par De Ghendt, Simonet, etc. — Portrait et vignettes pour les Contes de La Fontaine. Quatre-vingt-quinze petites pièces, d'après Monnet, Sergent, etc.

MOREAU LE JEUNE et LEBARBIER (d'après)

214 — Portrait et vignettes pour Racine. — Vignettes pour les Fabliaux, de Legrand d'Aussy. Trente-trois pièces avant la lettre, dont dix à l'état d'eau-forte pure.

MOREAU LE JEUNE et PRUDHON (d'après)

215 — Un portrait, par Saint-Aubin et vingt-cinq figures in-8, pour les Œuvres de P. et Th. Corneille. Ed. Renouard.

MOREAU, EISEN, FRAGONARD fils (d'après)

216 — Portrais et vignettes, pour la Henriade, d'après Moreau le Jeune. — Vignettes d'Eisen, pour les Contes de La Fontaine. — Vignettes de Fragonard fils, pour Grécourt. — Fleurons de Marillier, pour les Fables de Dorat, tirages à part. Vingt-huit pièces.

MOREL (Pierre)

217 — Sept figures in-8 gravées à l'eau-forte pour Gulliver. Ed. Rouveyre. Epreuves d'état sur japon (N° 14).

MORIN (Edmond)

218 — Quatre vignettes sur une même planche, pour les Aventures de Mlle Mariette. Rare épreuve non coupée.

OUDRY (d'après J.-B.)

219 — Planches in-4, pour les Fables de La Fontaine. Edition Desaint et Saillant, 1755-1759. Trente pièces. Epreuves avant la lettre et à l'eau-forte pure.

220 — Portrait et vignettes pour les Fables de La Fontaine. Suite de soixante-douze eaux-fortes, gravées par Le Rat, Courtry, Mongin, Greux, etc. Epreuves sur chine volant.

221 — La même collection. Epreuves avec la lettre.

PERRET (Marius)

222 — Régence, portefeuille d'un roué. Soixante-deux épreuves, la plupart des mêmes pièces en différents tirages.

PILLE (d'après H.)

223 — Un portrait et douze figures in-8. gravés par Monziès, pour les Contes des fées, de Perrault, Ed. Lemerre. Epreuves avant la lettre sur papier de Chine.

224 — La même collection, épreuves avec la lettre.

225 — Seize figures in-8, gravées à l'eau-forte par Monziès, pour Gil Blas, Ed. Lemerre. Epreuves avant la lettre sur papier Whatmann.

226 — Quarante-deux figures in-18. pour les Œuvres d'Alfred de Musset, Epreuve avant la lettre, sur papier de Hollande.

PUNT (J.)

227 — Portrait et vignettes pour les Œuvres de Molière. Suite complète de trente-quatre pièces, y compris une pièce de Frankendaal. 1765.

RAFFET (d'après A.)

228 — Vignettes et portraits pour l'Histoire de France, de Thiers, publiés par Furne. Soixante-dix pièces, plusieurs avant la lettre.

RITCHER

229 — Portrait, Frontispice et quatorze en-têtes et vignettes pour le Paradis perdu, de Milton. Epreuves à toutes marges.

SMIRKE (d'après R.)

230 — Vignettes pour Gil Blas, gravées par Armstrong, Fittler, Smith, etc., 1809. Vingt-quatre pièces sur chine.

STAAL (d'après G.)

231 — Portraits et vignettes pour les Œuvres de La Fontaine. Suite complète de trois portraits et seize vignettes gravées par F. Delannoy. Epreuves en double état avant et avec la lettre. Trente-huit pièces.

VERNET (Carle et H.)

232 — Vignettes pour les Œuvres de Boileau. Onze épreuves à l'état d'eau-forte pure et sept terminées avant la lettre. En tout dix-huit pièces.

WORMS (d'après)

233 — Un portrait et six figures in-8. pour les Contes Rémois. Ed. Jouaust, deux suites avant la lettre sur papier de Chine et sur Japon, quatorze pièces.

Imp. Pairault et Cie, 3, passage Nollet, Paris (3988).

www.ingramcontent.com/pod-product-compliance
Lightning Source LLC
LaVergne TN
LVHW010406240826
846091LV00020B/2813